AF230588

...NTIQUES

A MARIE

EN USAGE

DANS L'ÉGLISE DES RR. PP. CAPUCINS

DE CLERMONT.

CLERMONT-FERRAND

...APHIE DE FERDINAND THIBAUD

imprimeur de Mgr l'Évêque et du Clergé, rue St-Genès, 8-10.

A MARIE

CANTIQUES

A MARIE.

~~~~~~

Esprit saint, descendez en nous,
mbrasez notre cœur de vos feux les plus doux.

Sans vous notre vaine prudence
Ne peut, hélas ! que s'égarer.
Ah ! dissipez notre ignorance,
Esprit d'intelligence,
Venez nous éclairer.
Chœur. — Esprit saint, etc.

Le noir enfer, pour nous faire la guerre,
Se réunit au monde séducteur ;
Tout est pour nous embûche sur la terre ;
Soyez, soyez notre libérateur.
Chœur. — Esprit saint, etc.

Enseignez-nous la divine sagesse.
Seule elle peut nous conduire au bonheur ;
Dans ses sentiers qu'heureuse est la jeunesse,
Qu'heureuse est la vieillesse !
— *Chœur.* — Esprit saint, etc.
~~~~~~

2

REFRAIN.

Esprit saint, Dieu de lumière,
O vous que nous invoquons,
Venez des cieux sur la terre, } *bis.*
Comblez-nous de tous vos dons.

Accordez-nous cette sagesse
Qui ne cherche que le Seigneur.
Que notre étude soit sans cesse
De lui soumettre notre cœur.
    Esprit saint, etc.

Donnez-nous cette intelligence
Ce don qui fait connaître au cœur,
De la foi toute l'excellence
Et du crime toute l'horreur.
    Esprit saint, etc.

Enseignez-nous cette science,
L'art divin qui fait les vertus,
Répandez sur nous l'abondance
Du don qui forme les élus.
    Esprit saint, etc.

Venez, inspirez-nous la force
D'aimer Dieu, d'observer sa loi,
Et qu'en vain le monde s'efforce
D'éteindre dans nos cœurs sa foi.
    Esprit saint, etc.

3

REFRAIN.

C'est le mois de Marie,
C'est le mois le plus beau,
A la Vierge chérie
Disons un chant nouveau.

Ornons le sanctuaire
De nos plus belles fleurs ;
Offrons à notre Mère
Et nos chants et nos cœurs.
C'est, etc.

De la saison nouvelle
On vante les bienfaits :
Marie est bien plus belle,
Plus doux sont ses attraits.
C'est, etc.

L'étoile éblouissante
Qui jette au loin ses feux
Est bien moins éclatante,
Son aspect moins pompeux.
C'est, etc.

Qu'une brillante aurore
Vienne enchanter mes yeux !
Marie efface encore
Cet ornement des Cieux.
C'est, etc.

Au vallon solitaire,
Le lis, par sa blancheur,
De cette Vierge Mère
Retrace la candeur.
C'est, etc.

Aimable violette,
Ta modeste beauté
Est l'image imparfaite
De son humilité.
C'est, etc.

La rose épanouie
Aux premiers feux du jour,
Nous peint bien de Marie
L'inépuisable amour.
C'est, etc.

O Vierge, viens toi-même,
Viens semer dans nos cœurs
Les vertus dont l'emblème
Se découvre en des fleurs.
C'est, etc.

Défends notre jeunesse
Des plaisirs séduisants ;
Montre nous ta tendresse
Jusqu'à nos derniers ans.
C'est, etc.

Fais que dans la patrie
Nous chantions à jamais,
O divine Marie!
Ton nom et les bienfaits.
C'est, etc.

4

Unis aux concerts des anges,
Aimab e Reine des Cieux,
Nous célébrons tes louanges
Par nos chants mélodieux.

De Marie
Qu'on publie
Et la gloire et les grandeurs !
Qu'on l'honore,
Qu'on l'implore,
Qu'elle règne sur nos cœurs !

Auprès d'elle la nature
Est sans grâce et sans beauté,
Les cieux même sans parure,
L'astre du jour sans clarté.
De Marie, etc.

C'est le lis de la vallée
Dont le parfum précieux
Sur la terre désolée
Attira le Roi des Cieux.
De Marie, etc.

C'est l'auguste sanctuaire
Que le Dieu de majesté
Inonda de sa lumière,
Embellit de sa beauté !
De Marie, etc.

C'est la Vierge incomparable,
Gloire et salut d'Israël,
Qui pour un monde coupable
Fléchit le courroux du Ciel.
De Marie, etc.

C'est la Vierge, c'est Marié :
Dans ce nom que de douceur !
Nom d'une mère chérie,
Nom, doux espoir du pécheur.
De Marie, etc.

Ah ! vous seuls pouvez nous
Mortels qui l'avez goûté, [dire,
Combien doux est son empire,
Combien grande est sa bonté..
De Marie, etc.

Qui, jamais de la détresse
Lui fit entendre le cri,
Et n'obtint de sa tendresse
Sous son aile un sûr abri ?
De Marie, etc.

Vous qui, d'un monde perfide,
Craignez les puissants appâts,
Si Marie est votre égide,
Vous ne succomberez pas.
De Marie, etc.

En vain l'enfer en furie
Frémirait autour de vous,
Si vous invoquez Marie,
Vous braverez son courroux.
De Marie, etc.

Oui, je veux, ô tendre Mère !
Jusqu'à mon dernier soupir,
T'aimer, te servir, te plaire,
Et pour toi vivre et mourir.
De Marie, etc.

5

D'une Mère chérie
Célébrons les grandeurs;
Consacrons à Marie
Et nos voix et nos cœurs.

REFRAIN.

De concert avec l'ange
Quand il la salua,
Disons à sa louange
Un *Ave, Maria.* } *bis.*

Modeste créature,
Elle plut au Seigneur,
Et, Vierge toujours pure,
Enfanta le Sauveur.
De concert, etc.

Nous étions la conquête,
Du tyran des enfers;
En écrasant sa tête
Elle a brisé nos fers.
De concert, etc.

Que l'espoir se relève
En nos cœurs abattus;
Par cette nouvelle Eve
Les cieux nous sont rendus.
De concert, etc.

O Marie, ô ma Mère !
Prenez soin de mon sort,
C'est en vous que j'espère
A la vie, à la mort.
De concert, etc.

O céleste lumière,
O source de bonheur,
Exaucez la prière
Que vous offre mon cœur.
De concert, etc.

Obtenez-nous la grâce
A notre dernier jour,
De vous voir face à face
Au céleste séjour.
De concert, etc.

6

Mère de Dieu, quelle magnificence
Orne aujourd'hui cet auguste séjour !
C'est en ces lieux que mon heureuse enfance
Vint à tes pieds te vouer son amour.

Tendre Marie !
O mon bonheur !

Toujours chérie,   } *bis.*
Tu vivras dans mon cœur.

O mon refuge ! ô Marie ! ô ma Mère !
Combien sur moi tu versas de bienfaits !
Combien de fois, dans ce doux sanctuaire,
Mon cœur trouva le bonheur et la paix !

     Tendre, etc.

Mon œil à peine avait vu la lumière,
Et ton amour veillait sur mon berceau ;
Tous mes instants, ô mon aimable Mère,
Tu les marquas par un bienfait nouveau.

     Tendre, etc.

Anges ! soyez témoins de ma promesse !
Cieux, écoutez ce serment solennel :
« Oui, c'en est fait, mon cœur plein de tendresse
« Jure à Marie un amour éternel. »

     Tendre, etc.

Si je pouvais, infidèle et volage,
Un seul instant cesser de te chérir,
Tranche mes jours à la fleur de mon âge,
Oui, j'y consens, fais-moi, fais-moi mourir.

     Tendre, etc.

————————

7

Je vous salue, auguste et sainte Reine,
Dont la beauté ravit les immortels!
Mère de grâce, aimable souveraine,
Je me prosterne au pied de vos autels.

REFRAIN.

Mère, Mère, viens à mon secours,
Mère, Mère, bénis-moi toujours.

Je vous salue, ô divine Marie!
Vous méritez l'hommage de nos cœurs;
Après Jésus, vous êtes et la vie,
Et le refuge et l'espoir des pécheurs.
        Mère, Mère, etc.

Fils malheureux d'une coupable mère,
Bannis du ciel, les yeux baignés de pleurs:
Nous vous faisons, de ce lieu de misère,
Par nos soupirs entendre nos douleurs.
        Mère, Mère, etc.

Écoutez-nous, puissante protectrice;
Tournez sur nous vos yeux compatissants;
Et montrez-nous qu'à vos malheurs propice,
Du haut des cieux vous aimez vos enfants.
        Mère, Mère, etc.

O douce, ô tendre, ô pieuse Marie!
O vous de qui Jésus reçut le jour:
Faites qu'après l'exil de cette vie,
Nous le voyons dans l'éternel séjour.
        Mère, Mère, etc.

8

REFRAIN.

Souvenez-vous, ô tendre Mère !
Qu'on n'eut jamais recours à vous
Sans voir exaucer sa prière,
Et dans ce jour exaucez-nous ! (*bis.*)

Des siècles écoulés j'interroge l'histoire ;
Pour dire ses bienfaits ils n'ont tous qu'une voix.
Verrai-je en un seul jour s'obscurcir tant de gloire?
L'invoquerai-je en vain [pour la première fois. (*bis*).
    Souvenez-vous, etc.

Marie aux vœux de tous prête toujours l'oreille.
Le juste est son enfant, il peut tout sur son cœur ;
Mais auprès du pécheur jour et nuit elle veille :
Il est son fils aussi [l'enfant de sa douleur !...(*bis*).
    Souvenez-vous, etc.

Et moi, de mes péchés traînant la longue chaîne,
Vierge sainte, à vos pieds j'implore mon pardon ;
Me voici tout tremblant, et je n'ose qu'à peine
Lever les yeux vers vous, [prononcer votre nom. (*bis*)
    Souvenez-vous, etc.

Mais quoi ! je sens mon cœur s'ouvrir à l'espérance;
Il retrouve la paix, il palpite d'amour;
Je n'ai pas vainement imploré sa clémence,
La Mère de Jésus [est ma mère en ce jour. (*bis*).
    Souvenez-vous, etc.

Mes vœux sont exaucés, puisque j'aime ma mère,
Et que d'un feu si doux je me sens enflammé;

Je dirai donc aussi que malgré ma misère
Son cœur m'a répondu [quand je l'ai réclamé. (*bis.*)
   Souvenez-vous, etc.

Je n'ai plus qu'un désir à former sur la terre;
O ma Mère! mettez le comble à vos bienfaits :
Que j'expire à vos pieds, et dans ce sanctuaire,
Si je ne dois au ciel [vous aimer à jamais ! (*bis.*)
   Souvenez-vous, etc.

9

Un ange ayant dit à Marie
Que le monde aurait un Sauveur,
Et que le Ciel l'avait choisie
Pour mère du Dieu rédempteur ;
   Toute ravie
Elle chante ainsi son bonheur :

Magnificat anima mea Dominum ;
Et exultavit spiritus meus, in Deo salutari meo.

Dieu, qui peut tout, pouvait-il faire
En ma faveur rien de plus grand?
Je reste vierge et je suis mère,
Un Dieu s'unit à mon néant.
   Profond mystère
Dont je bénis le Tout Puissant.

Quia respexit humilitatem ancillæ suæ : Ecce
enim ex hoc beatam me dicent omnes generationes.
   Quia fecit mihi magna, qui potens est ; et sanc-
tum nomen ejus.

Il aime tous ceux qui le craignent,
Ils vivent dans son souvenir.
Si les superbes le contraignent,
A les confondre, à les punir,
        Les humbles règnent;
Sa droite a daigné les bénir.

Et misericordia ejus a progenies in progenies :
timentibus eum.

Fecit potentiam in brachio suo ; *dispersit su-*
perbos mente cordis sui.

Touché de la misère extrême
Où les humains étaient réduits,
Il veut les défendre lui-même
Des traits de leurs fiers ennemis.
        Bonté suprême !
Il leur donne aujourd'hui son fils.

Deposuit potentes de sede ; *et exaltavit humiles.*
Esurientes implevit bonis ; *et divites dimisit*
inanes.

Ainsi s'accomplit la promesse
Qu'il avait faite à nos aïeux;
La paix succède à la tristesse,
Pour nous déjà s'ouvrent les Cieux;
        Et sa tendresse
Partout va faire des heureux.

Suscepit Israël puerum suum : *recordatus mi-*
sericordiæ suæ.
Sicut locutus est ad patres nostros : *Abraham*
et semini ejus in sæcula.

A jamais gardons la mémoire
De ses bienfaits, de ses faveurs ;
Toujours cédons-lui la victoire,
Faisons-le régner sur nos cœurs ;
Rendons-lui gloire ,
Rendons-lui d'éternels honneurs.

Gloria Patri, et Filio, et Spiritui sancto.
Sicut erat in principio, et nunc et semper ; et
in sæcula sæculorum. Amen.

10

REFRAIN.

Bénissons en ce jour
La Mère du Dieu d'amour.   } *bis.*

Portez-la sur vos ailes,
O brûlants Séraphins !
Trônes et Chérubins !
Soyez-lui tous fidèles.
   Bénissons, etc.

Que le ciel et la terre
L'honorent à la fois ;
Que les sujets, les rois
La prennent pour leur mère.
   Bénissons, etc.

Sur un trône de gloire
Je la vois dans les Cieux ;
Que vos chants amoureux
Exaltent sa mémoire.
   Bénissons, etc,

Que tout s'anéantisse
Au pied de sa grandeur ;
Donnons-lui notre cœur ;
Que l'enfer en frémisse.
   Bénissons, etc.

Que la tendre Marie
Règne sur l'univers ;
Elle a brisé nos fers,
Et nous avons la vie.
   Bénissons, etc.

Sous son joug tutélaire
Nous respirons en paix,
Et comblés des bienfaits
De cette aimable Mère.
   Bénissons, etc.

Celui qui la méprise
A perdu tout soutien :
La servir d'un chrétien
Doit être la devise.
Bénissons, etc.

Jetons-nous à l'envie
Dans ses bras maternels,
Entourons les autels
De la tendre Marie.
Bénissons, etc.

II

Chrétiens, qui combattons aujourd'hui sur la terre,
Souvenons-nous toujours au milieu du danger,
Souvenons-nous qu'au Ciel nous avons une Mère
Dont le bras tout-puissant saura nous protéger.

REFRAIN.

Notre-Dame de la victoire
De l'enfer triomphe en ce jour ;
Encore un chant de gloire,
Encore un chant d'amour.

Plaçons en elle seule une ferme espérance ;
Que nos cœurs dévoués l'aiment jusqu'au trépas,
Et que de notre sein son nom béni s'élance
Pour nous rallier tous au plus fort des combats.
Notre-Dame, etc.

C'est la tour de David, inexpugnable asile
Qui du démon jaloux brave tous les assauts ;
C'est l'arche défiant, dans sa marche tranquille,
Et la fureur des vents et la rage des flots.
Notre-Dame, etc.

Dans les temps où l'erreur dominait sur le monde,
Quand l'Eglise luttait contre tous les tyrans,
Vous priez, ô Marie ! et la grâce féconde
Enfantait chaque jour de nouveaux combattants.

Notre-Dame, etc.

Plus tard, si l'hérésie arbore sa bannière,
Si l'antique serpent soudain s'est redressé,
Vierge, vous paraissez... Satan dans la poussière
Sous votre pied vainqueur se débat écrasé.

Notre-Dame, etc.

O Vierge immaculée et mille fois bénie,
Ajoutez à vos dons un don plus précieux :
Faites qu'après le cours d'une pieuse vie,
Et pasteur et troupeau soient reçus dans les cieux.

Notre-Dame, etc.

Et si le monde encor contre nous se déchaîne,
S'il brave le Très-Haut, s'il outrage ses lois,
Marie, apprenez-nous à mépriser la haine
De tous ces ennemis qui blasphèment la croix.

Notre-Dame, etc.

Donnez à vos enfants la force et le courage,
Un courage à l'épreuve et du fer et du feu.
Prêts à sacrifier, si la lutte s'engage,
Nos âmes et nos corps en holocauste à Dieu.

Notre-Dame, etc.

12

Jour mille fois heureux, offrande salutaire,
C'en est donc fait ; Marie a reçu nos serments,
De la Mère d'un Dieu, nous sommes les enfants.
Honneur, respect, amour à notre tendre Mère.

CHOEUR.

Oui, nous l'avons juré, nous sommes ses enfants,
Nous faisons de nos cœurs le don le plus sincère,
Que la terre et les Cieux redisent nos serments.
Guerre au monde, à Satan, (*bis*) amour à notre
[Mère. (*bis*.)

De puissants ennemis nous déclarent la guerre ;
Je sens mon cœur frémir à l'aspect des combats.
Soutiens-nous, ô Marie ; à nos trop faibles bras
Daigne prêter l'appui de ton bras tutélaire.
Oui, etc.

Si, pour nous enchaîner, des faux biens de la vie
Le monde offre à nos yeux les attraits imposteurs;
Disons-lui, repoussant ses funestes douceurs,
Mon cœur n'est plus à moi, mon cœur est à Marie.
Oui, etc.

L'enfer peut, de sa rage, exciter la tempête;
Le dragon orgueilleux peut frémir de courroux,
L'invincible Marie a triomphé pour nous;
De l'antique serpent elle a brisé la tête.
Oui, etc.

Ainsi toujours vainqueurs, si son bras nous seconde
Et chargés de lauriers dès nos plus tendres ans,
Toujours nous foulerons sous nos pieds triomphants
Les pompes de Satan, les vains plaisirs du monde.
     Oui, etc.

13

Faibles mortels, que l'espérance
Calme nos peines, nos douleurs ;
Le Ciel sur nous, dans sa clémence,
Verse de nouvelles faveurs ;
D'un nom chéri la douce gloire
Vient d'apparaître à l'univers ;
Marie a vaincu les enfers,
Et nous la proclamons Reine de la victoire.

REFRAIN.

Toujours, Reine des Cieux, oui, toujours à nos cœurs
    Ta bannière
    Sera chère,
Et sa douce lumière,
Guidant nos pas vainqueurs,
    Notre vie,
    O Marie !
Méritera ton amour, tes faveurs.

Relevez-vous, tribus lointaines,
Peuples vaincus, séchez vos pleurs ;
Soyez heureux, brisez vos chaînes,
De Satan fuyez les rigueurs !

2

Il s'est levé le jour de gloire,
Vos soupirs ont fléchi les Cieux.
Marie, ô frères malheureux !
Se montrera pour vous Reine de la victoire.
     Toujours, etc.

Et vous, esclaves de la terre,
Déplorez enfin votre sort ;
Ouvrez vos yeux à la lumière,
Sortez des ombres de la mort.
Unissez-vous à notre gloire,
Venez partager nos combats ;
Marie aide, soutient nos pas ;
Elle est, vous le savez, Reine de la victoire.
     Toujours, etc.

C'est vainement, Vierge Marie,
Que l'enfer frémit contre nous !
Tes enfants bravent sa furie
Et méprisent son noir courroux.
Sur tes pas ils verront la gloire
Toujours couronner leurs efforts ;
Toujours cédant à leurs transports,
Leurs cœurs tè béniront, Reine de la victoire.
     Toujours, etc.

Saint étendard de notre Mère,
Nous en faisons le doux serment,
Nous te suivrons dans la carrière,
Unis jusqu'au dernier moment.
Et quand viendra le jour de gloire,
Marie entendra les vainqueurs
Autour d'el e formant leurs cœurs
La proclamer encor Reine de la victoire.
     Toujours, etc.

14

Je l'ai juré, j'appartiens à Marie,
Après Jésus elle est tout mon amour ;
A l'honorer je consacre ma vie,
Je l'aimerai jusqu'à mon dernier jour.

REFRAIN.

Je l'ai juré, (*bis.*)
C'est pour la vie ;   } *bis.*
Mon serment est sacré,
J'appartiens à Marie.

Je l'ai juré comme ma tendre Mère,
Je te fuirai, vain plaisir, faux honneur,
De tes attraits la douceur mensongère,
Ne trompera jamais mon faible cœur.
    Je l'ai juré, etc.

Je l'ai juré, Seigneur, tes tabernacles
Seront toujours ma force, mon secours :
Toujours Marie y goûta tes oracles ;
Ils seront seuls ma joie et mes amours.
    Je l'ai juré, etc.

Je l'ai juré, le luxe, la parure,
N'aura pour moi nul attrait séduisant ;
A ton école, ô Vierge la plus pure !
J'irai chercher le seul charme puissant.
    Je l'ai juré, etc.

Je l'ai juré, de mon aimable Mère,
Je graverai les doux traits dans mon cœur;
A retracer une image si chère
Mon tendre amour mettra tout son bonheur.
    Je l'ai juré, etc.

Je l'ai juré, de ta voix, ô Marie,
Je chérirai la céleste douceur;
Sur tes leçons je réglerai ma vie,
Sur tes vertus je formerai mon cœur.
    Je l'ai juré, etc.

Je l'ai juré, dans ce doux sanctuaire,
Chaque printemps me verra de retour.
Le cœur pressé d'y fêter une Mère,
Y redira ses cantiques d'amour.
    Je l'ai juré, etc.

15

REFRAIN.

Le Ciel est ma patrie,
Je suis du peuple des élus;
Mon frère s'appelle Jésus,
Et ma mère Marie.

Quoi, le nom de Marie est le nom de ta mère?
Jeune enfant, c'est au Ciel que tu reçus le jour?
A quel titre oses-tu nommer Jésus ton frère?
Qui t'inspire ces chants d'espérance et d'amour?
    Le Ciel, etc.

Ecoutez un enfant : un livre qu'on vénère,
Où Dieu parle lui-même et nous donne sa loi,
De ma noble origine éclaircit le mystère.
Un jour j'y lus ces mots : Mon fils, console-toi.
    Le Ciel, etc.

Oui, Jésus est mon frère : dans une étable obscure,
Pauvre, ignoré, souffrant, il naquit autrefois.
Le fils de l'Eternel, revêtant ma nature,
M'adopta pour son frère et me transmit ses droits.
    Le Ciel, etc.

Oui, Jésus se plaisait à m'appeler son frère ;
Sa mère souriait et me nommait son fils.
Qu'ils m'aimaient tous les deux !... Voyez-vous ce
                       [Calvaire?
Il vous apprend, lui seul, à quel titre je dis :
    Le Ciel, etc.

Avant de consommer son douloureux mystère,
Jésus voulut me faire un don digne de lui ;
N'ayant plus d'autres biens, il me donna sa Mère,
Voilà, voilà pourquoi, je répète aujourd'hui :
    Le Ciel, etc.

Jésus meurt ! mais des siens une foule assemblée,
Le vit un jour au Ciel s'élever triomphant ;
Bientôt, auprès de lui, Marie est appelée,
Et moi je reste seul ! je reste, et cependant
    Le Ciel, etc.

Ah ! quand viendra le jour, où, loin de cette terre,
Aussi moi, vers le Ciel, je prendrai mon essor !
Jour heureux, hâte-toi ; viens m'unir à ma Mère !
Viens m'unir à Jésus, et qu'auprès d'eux encor
    Je chante en ma patrie, etc.

16

O Vierge ! ô Mère ! ô Marie !
Votre famille réunie
Avec amour jette les yeux sur vous.
Priez, priez pour nous.

Mère de la divine grâce,
Sainte Mère de Jésus,
Beau lis dont la beauté surpasse
La beauté de tous les élus.

Mère aimable, Mère admirable,
Mère du Dieu Créateur,
Temple, sanctuaire ineffable
Où reposa le Dieu Sauveur.

Vierge modèle de prudence
Et digne de tout honneur,
Dont tous proclament la puissance,
La fidélité, la douceur.

Siége auguste de la sagesse,
Astre brillant du matin ;
Vous que l'infirme en sa detresse
N'a jamais invoqué en vain.

Du chrétien noble protectrice
Contre l'enfer en fureur ;
De l'affligé consolatrice,
Refuge assuré du pécheur.

Reine des anges, des prophètes,
  Des patriarches, des rois;
Les apôtres, par leurs conquêtes,
Ont soumis le monde à vos lois.

Vous êtes vraiment toute belle;
  Et sous vos pieds triomphants
Du serpent la tête rebelle
Vomit ses poisons impuissants!

17

L'ombre s'étend sur la terre :
Vois tes enfants de retour,
A tes pieds, auguste Mère,
Pour t'offrir la fin du jour.

REFRAIN.

O Vierge tutélaire,
  O notre unique espoir,
  Entends notre prière,
La prière et le chant du soir.

Aux premiers feux de l'aurore,
Nous étions à tes genoux :
Nous y revenons encore
Te dire : Veille sur nous.
  O Vierge, etc.

Veille sur nous, bonne Mère;
Car notre ennemi jaloux,

Plein de ruse et de colère,
Toujours rôde autour de nous.
   O Vierge, etc.

Pour lui l'heure des ténèbres
Est un favorable instant.
Il vient; de ses traits funèbres
Il veut percer ton enfant.
   O Vierge, etc.

Loin de nous toute souillure,
Tout fantôme mensonger.
Daigne encore, ô Vierge pure,
Cette nuit nous protéger.
   O Vierge, etc.

Donne-nous quelqu'un des anges
Qui forment au Ciel ta cour :
Il chantera tes louanges,
Nous gardant avec amour.
   O Vierge, etc.

Tous, à l'ombre de ses ailes,
Nous reposerons en paix :
Puissions nous être fidèles
Nuit et jour, à tout jamais !
   O Vierge, etc.

18

Aux pieds de la Vierge fidèle
Venez répéter vos serments ;
Venez tous, elle vous appelle :
N'êtes-vous pas tous ses enfants ?

REFRAIN.

Reine des Cieux, divine et tendre Mère,
De vos enfants exaucez la prière,
   Vous nous voyez à vos genoux,
   Exaucez notre humble prière ;
   Vous nous voyez à vos genoux,
Mère de Dieu, protégez-nous. *Ter.*

   Elle aime à se voir entourée
   De ses fidèles serviteurs ;
   Ils ne l'ont jamais implorée
   Sans se voir comblés de faveurs.
Reine des Cieux, etc.

   Justes, son amour vous invite,
   Votre Mère vous tend la main ;
   Qu'à sa voix votre cœur palpite,
   Venez reposer sur son sein.
Reine des Cieux, etc.

   Pécheur, son amour te réclame ;
   Pour toi son cœur est alarmé ;
   Ton crime a déchiré son âme ;
   Mais un fils est toujours aimé.
Reine des Cieux, etc.

Heureux enfants de l'opulence,
Venez à son trône immortel :
Des dons de la magnificence
Venez embellir son autel.
Reine des Cieux, etc.

Pauvres, venez, elle vous aime ;
Pour vous ses soins les plus touchants :
Sur la terre pauvre elle-même,
Les malheureux sont ses enfants.
Reine des Cieux, etc.

Vous tous qui répandez des larmes,
Venez, venez à ses genoux :
Elle calmera vos alarmes,
Et rendra votre sort plus doux.
Reine des Cieux, etc.

Vous surtout, famille chérie,
Enfants, vous si chers à son cœur,
Venez à l'autel de Marie,
Venez chercher le vrai bonheur.
Reine des Cieux, etc.

19

REFRAIN.

Sainte Vierge Marie,
Aimable mère du Sauveur,

Je vous consacre pour la vie
   L'hommage de mon cœur.

   Sainte Vierge Marie,
Vous êtes la porte du Ciel,
Obtenez qu'à mon agonie
J'entre en ce séjour immortel.

   Sainte Vierge Marie,
Vous êtes l'étoile des mers,
Apaisez des vents la furie,
Calmez, calmez les flots amers.

   Sainte Vierge Marie,
Ah ! je vois l'écueil de la mort ;
Sauvez ma nacelle chérie,
Venez, et montrez-moi le port.

   Sainte Vierge Marie,
La terre se tut en voyant
Le Dieu qui vous donna la vie,
Dans votre sein se faire enfant.

   Sainte Vierge Marie,
O Mère du divin Amour,
Vous n'avez pas été flétrie
En donnant à Jésus le jour.

   Sainte Vierge Marie,
Voyez, voyez couler nos pleurs ;
Priez pour nous dans la patrie,
Priez pour nous, pauvres pécheurs.

20

Sur le vaste océan du monde
Oh ! combien d'écueils dangereux !
Cette mer, hélas ! est feconde
En naufrages trop malheureux !

REFRAIN.

Astre des mers, douce Marie,
Apparais toujours à mes yeux,
Ma barque à tes soins se confie,
Garde-la des flots orageux.   (bis.)

Ma faible main, trop inhabile,
Contre la force du torrent,
Dans cette lutte difficile
A besoin d'un secours puissant.

Souvent ma fragile nacelle
Menace, helas ! de naufrager,
Souvent ce frêle esquif chancelle ;
Qui le sauvera du danger ?

Déjà s'est formé le nuage,
Effroi du pauvre marinier ;
J'entends dejà gronder l'orage ;
Il va périr le nautonnier !...

Le fier aquilon se déchaîne,
La mer mugit... funeste sort !...
Ma perte, ô Marie ! est certaine,
Si tu ne me conduis au port...

Mille fois heureux le voyage.
Dont l'étoile a guidé le cours ;
Par elle on obtient le rivage,
Et le cœur la bénit toujours.

21

REFRAIN.

O ma Reine, ô Vierge Marie,
Je vous donne mon cœur ;
Je vous consacre pour la vie,
Mes peines, mon bonheur.

Je me donne à vous, ô ma Mère !
Je me jette en vos bras ;
Marie, exaucez ma prière,
Ne m'abandonnez pas.

Je vous donne mon corps, mon âme,
Aujourd'hui pour jamais ;
Marie, et de vous je réclame
Un doux regard de paix.

Je vous donne toute espérance,
Tout souhait, tout désir ;
Marie, ah ! consolez d'avance
Mes peines à venir.

Je vous donne toutes mes larmes,
Je les mêle à vos pleurs :
Marie, ah ! vous donnez des charmes
Aux plus grandes douleurs.

Je vous donne toutes les craintes
Qui viendront m'assaillir ;

Marie, à vous seule mes plaintes,
    Jusqu'au dernier soupir.

Je vous donne la dernière heure,
    Du dernier de mes jours;
Marie, ah! faites que je meure
    En vous aimant toujours.

Gloire à Jésus, gloire à sa Mère,
    En tout temps, en tous lieux;
Amour et gloire sur la terre,
    Gloire amour dans les Cieux.

22

Je mets ma confiance,
Vierge en votre secours,
Servez-moi de défense,
Prenez soin de mes jours;
Et quand ma dernière heure
Viendra fixer mon sort,
Obtenez que je meure
De la plus sainte mort.

Sainte Vierge Marie,
Asile des pécheurs,
Prenez part, je vous prie,
A mes justes frayeurs;
Vous êtes mon refuge,
Votre Fils est mon roi;
Mais il sera mon juge,
Intercédez pour moi.

Ah! soyez-moi propice
Avant que de mourir,
Apaisez sa justice,
Je crains de la subir.

Mère pleine de zèle,
Protégez votre enfant,
Je vous serai fidèle
Jusqu'au dernier instant.

Voyez couler mes larmes,
Mère du bel amour,
Finissez mes alarmes
Dans ce mortel séjour,
Venez rompre ma chaîne
Pour m'approcher de vous,
Aimable souveraine,
Que mon sort serait doux!

Après Dieu, Vierge Mère
Je vous remets mon sort;
Près d'un juge sévère,
Ah! soyez mon support.
Faites que dans la gloire,
Avec les bienheureux,
Je chante la victoire
Du monarque des Cieux.

23

REFRAIN.

Protégez vos enfants,
Montrez-vous notre Mère;
Doux espoir de la terre,
Ecoutez nos accents.

Puissante protectrice
Des fragiles humains ;
Veillez sur nos destins,
Vierge toujours propice.

Les dangers, les alarmes,
Sont semés sous nos pas ;
Dans ce séjour de larmes
Ne nous délaissez pas.

Satan, la chair, le monde
Conspirent contre nous ;
Que votre bras confonde
Nos ennemis jaloux.

Partout à l'innocence
Des piéges sont tendus,
Prenez notre défense,
O Reine des élus !

Voyez notre faiblesse,
Nous craignons de périr,
Sur nous veillez sans cesse,
Daignez nous secourir.

Un jour dans la patrie
Vos enfants à jamais,
O divine Marie !
Chanteront vos bienfaits.

24

Salut, ô Vierge immaculée,
Brillante étoile du matin,
Que l'âme, ici-bas exilée,
N'a jamais invoquée en vain.
De tes enfants exauce les prières,
Du haut du Ciel daigne les protéger :
Mère, bénie entre toutes les mères, }
Sois-nous propice à l'heure du danger. } bis

Quand, loin de cet aimable asile,
De l'innocence et du bonheur,
Où tu sus nous rendre facile
La loi sainte d'un Dieu Sauveur.
Mille ennemis, mille cruelles guerres
Nous rendraient lourd ce fardeau si léger :
Mère, bénie entre toutes les mères,   } bis.
Sois-nous propice à l'heure du danger.

Maintenant, à l'abri du monde,
Notre âme goûte un doux sommeil ;
Mais l'orage qui déjà gronde,
Nous présage un triste réveil.
Bientôt, hélas ! vers de lointaines terres
Nous voguerons, timides passagers :
Mère, bénie entre toutes les mères,   } bis.
Sois-nous propice à l'heure du danger.

Heureux l'enfant qui se confie
En tes maternelles bontés ;
Il ne craint ni l'onde en furie,
Ni l'effort des vents irrités.
Autour de lui, des barques étrangères,
Il voit au loin les débris surnager :
Mère, bénie entre toutes les mères,   } bis.
Tu le soutiens au milieu des dangers.

Conduis au port notre nacelle,
Malgré les vents, malgré les flots ;
Préserve-la, Vierge fidèle,
De l'écueil caché sous les eaux.
Sans ton secours, sans tes soins tutélaires,
La vague, hélas ! viendra la submerger :
Mère, bénie entre toutes les mères,   } bis.
Sois-nous propice à l'heure du danger.

Veille sur nous, tendre Marie,
Surtout à l'heure du trépas ;
Fais qu'en la céleste Patrie,
Ton Fils nous reçoive en ses bras.
Quand, précédé d'éclairs et de tonnerres,
Avec rigueur il viendra nous juger :
Mère, bénie entre toutes les mères, ⎫ bis.
Sois-nous propice en ce pressant danger. ⎭

25

Vois à tes pieds, Vierge Marie,
Les enfants sur qui chaque jour,
S'épanchent de la main chérie,
Les trésors du divin Amour.

REFRAIN.

Tous heureux dans ton sanctuaire,
Nous revenons célébrer tes bienfaits.
Crois en nos cœurs, auguste et tendre Mère,
Nous ne t'oublîrons jamais !
Non, non, non, non ! jamais ! jamais ! jamais.

Le monde, de sa folle ivresse,
En vain nous offre les douceurs ;
Loin de sa coupe enchanteresse,
Une Mère garde nos cœurs.

Cent fois, planant sur notre tête,
La foudre a menacé nos jours ;
Quand gronde la noire tempête,
Marie en détourne le cours.

Sur nous son regard tutélaire,
Toujours repose avec bonheur ;
L'encens de notre humble prière
Attire ses dons, sa faveur.

L'enfer en vain frémit de rage,
Et contre nous lance ses traits,
Marie, aide notre courage,
Nous ne succomberons jamais.

Vierge, notre douce espérance,
Nous t'en prions, guide nos pas ;
Ta main conduisit notre enfance,
Protége-nous dans les combats.

A tes bontés toujours fidèles,
Rends nos ennemis impuissants ;
Daigne nous couvrir de ton aile ;
Marie, exauce tes enfants.

26

REFRAIN.

Souvenez-vous, Vierge Marie,
Souvenez-vous, souvenez-vous,
Qo'on n'eut jamais recours à vous
Sans voir sa prière bénie,
Et dans ce jour, exaucez-nous,
    Exaucez-nous.

Reine, au front couronné d'étoiles,
Vierge, refuge du pécheur ;

L'amour pur soulève les voiles
Qui nous cachent votre splendeur.
Mère du bon secours partout on vous implore.
Les vœux, les voix, les chants, concert universel,
De la terre et des mers, du couchant à l'aurore,
Montent, montent vers vous, comme l'encens au ciel.

Miroir de justice, ô Marie !
En murmurant votre doux nom,
Toujours l'humble enfant qui vous prie,
Obtient du Ciel grâce et pardon ;
Et moi, pauvre pécheur, dont le front s'humilie,
J'implore, en gémissant, vos divines faveurs ;
Car, si Dieu de ses dons vous a toute embellie,
C'est pour être la Mère et l'espoir des pécheurs.

Du vrai bonheur, source efficace,
Le juste est votre enfant chéri,
Puis, au souffle de votre grâce,
Vous ranimez le cœur flétri,
Versez en moi, Marie, un rayon d'espérance,
Et Dieu, qui vous entend, me rendra son amour ;
Alors, qu'il sera doux à ma reconnaissance,
De saluer au Ciel l'étoile du retour.

Sur les ailes de la prière,
Vers vous s'envolent les désirs,
De l'humanité toute entière
Vous recevez les longs soupirs.
C'est pour vous qu'à l'autel, Vierge reine des vierges,
Qui faites, dans les cœurs, naître et fleurir l'espoir ;
C'est pour vous qu'à l'autel brûlent ces mille cierges
Pour vous que l'Angelus tinte matin et soir.

———

27

REFRAIN.

Marie est notre Mère, nous sommes ses enfants,
Unissons pour lui plaire et nos cœurs et nos chants. (*bis.*)
De l'aimer, de l'aimer toujours (*bis.*)
Jurons tous (*bis*) en ce jour. (*bis.*)
Toujours, toujours, tu seras notre Mère,
Toujours, toujours, nous serons tes enfants. } *bis.*

Adressons nos hommages,
A la reine des Cieux,
Elle aime de notre âge,
La candeur et les vœux.

Tout ici parle d'Elle,
Son nom règne en ces lieux.
Nous croissons sous son aile,
Nous vivons sous ses yeux.

Cet autel est le trône,
D'où coulent ses faveurs,

Son divin Fils lui donne
Tous ses droits sur nos cœurs.

O Vierge sainte et pure,
Notre cœur en ce jour,
Vous promet et vous jure
Un éternel amour.

Nous voulons avec zèle,
Imiter vos vertus;
Vous êtes le modèle
Qui suivent les Elus.

28

REFRAIN.

C'est le nom de Marie,
Qu'on célèbre en ce jour,
O famille chérie,
Chantez ce nom d'amour.

C'est le nom d'une Mère;
Chantez, heureux enfants;
Unissez pour lui plaire,
Et vos cœurs et vos chants.

C'est un nom de puissance,
Un nom plein de douceur,
Mais toujours sa clémence
Surpasse sa grandeur.

C'est un nom de victoire,
Il dompte les enfers,
Il nous donne la gloire
De briser tous nos fers.

C'est un nom d'espérance,
Au pécheur repentant,
Un gage d'innocence
Au cœur juste et fervent.

Il n'est rien de plus tendre,
Il n'est rien de plus fort;
Le Ciel aime à l'entendre,
Pour l'Enfer, c'est la mort.

Il est doux à la terre,
Il est plus doux au Ciel,
Un cœur pur le préfère
A la douceur du miel.

La parole première
Que dit Jésus enfant,
Fut le nom de sa Mère,
Qu'il dit en souriant.

Que le nom de ma Mère,
Au dernier de mes jours,
Soit toute ma prière,
Qu'il soit tout mon secours.

29

Comblés de tes douces faveurs,
Dans le transport qui nous entraîne,
A ton cœur, ô divine Mère,
Nous venons consacrer nos cœurs;
Toujours vivra dans notre âme attendrie,
Le souvenir de tes touchants bienfaits.

REFRAIN.

Nous, t'oublier, Mère chérie,
Non, non jamais! non, non jamais!
Nous, t'oublier, Mère chérie!
Non, non jamais! non, non jamais!
Nòn, non jamais! non, non jamais!

Le ciel est sombre, et chaque jour,
Sur nos têtes l'orage gronde,

Contre nous murmure le monde,
Il veut te ravir notre amour,
Mais de l'enfer nous bravons la furie,
Dans notre cœur tu fais régner la paix.

Partout des piéges séducteurs,
Sont tendus à notre innocence ;
Par une coupable inconstance,
Irions-nous nous joindre aux pécheurs ?
Non, l'innocence, ô divine Marie,
Pour nous toujours aura de doux attraits.

Dans le noir sentier de l'erreur,
Le faux chrétien marche sans guide ;
Hélas ! d'un glaive parricide,
Le cruel transperce ton cœur.
A son banquet en vain il nous convie ;
Avec douleur nous pleurons ses forfaits.

A tes lois, Mère du Sauveur,
Si nous sommes toujours fidèles,
Au sein des clartes immortelles,
Nous contemplerons la splendeur.
Ce doux espoir de notre âme ravie,
Fait le bonheur et lui donne la paix.

Heureux le jour où les enfants,
Inclinés aux pieds de ton trône,
Verront l'immortelle couronne
Briller sur leurs fronts triomphants.
Oh ! quel bonheur pour eux, tendre Marie,
De te bénir, de te voir à jamais.
   Nous, t'oublier, etc.

30

Bénis mes chants, ô ma Mère !
Bénis mes transports d'amour ;
L'heureux serment de te plaire,
Que mon cœur fait en ce jour.

REFRAIN.

O Marie !
De ma vie
L'espoir, l'amour, le bonheur ;
Vierge pure,
Je le jure,
Tu régneras dans mon cœur.

Bénis mes chants d'allégresse
Et souris à mon bonheur.
Donne, ô Mère de tendresse !
Ce qu'attend encor mon cœur.

Bénis mes chants d'espérance,
Bénis l'élan de ma foi,
Garde, ô Mère d'innocence !
L'enfant qui se donne à toi.

Bénis mes chants de victoire,
O Reine des bienheureux !
Fais qu'un jour, brillant de gloire,
J'entonne les chants des Cieux.

31

REFRAIN.

Vierge dont les Anges
Chantent les grandeurs,
Avec nos louanges
Recevez nos cœurs.

A l'auguste Marie,
La Reine des Cieux,
Notre Mère chérie,
Présentons nos vœux.

L'Ange à ses pieds s'incline,
Joyeux la bénit ;
De sa Reine divine,
L'éclat le ravit.

A celui qui l'implore
Elle ouvre son cœur,
Et l'âme qui l'honore
Goûte le bonheur.

Sa main répand sans cesse
Des bienfaits touchants,
Bénissons sa tendresse
Dans nos humbles chants.

Tout l'univers admire
Ses divins attraits,
Et de son doux empire,
Chante les bienfaits.

O Vierge ! notre Mère,
Comblez tous nos vœux ;
Et par votre prière
Rendez-nous heureux.

Vous voyez la misère
Des pauvres pécheurs
Oh ! montrez-vous leur Mère !
En touchant leurs cœurs.

A notre heure dernière
Fermez-nous les yeux ;
Et par votre prière,
Ouvrez-nous les Cieux.

32

Les Saints et les Anges
En chœurs glorieux
Chantent vos louanges
O Reine des Cieux !

REFRAIN.

Ave, ave, ave, Maria.
Ave, ave, ave, Maria.

Devant votre image
Voyez vos enfants,
Agréez l'hommage
De leurs premiers ans.

Soyez le refuge
Des pauvres pécheurs
O Mère du juge
Qui sonde les cœurs !

Loin de la patrie,
Guidez le soldat
Protégez sa vie
Au jour du combat.

De la tendre Mère
Calmez les soucis,

En vous elle espère,
Rendez-lui son fils.

Vous de l'innocence
L'aimable soutien,
Prenez la défense
Du jeune orphelin.

Du pauvre qui pleure
Exaucez les vœux :
A sa dernière heure
Montrez-lui les cieux.

Vierge sous votre aile
Heureux qui s'endort,
Sa frêle nacelle
Vogue vers le port.

33

Sur nos têtes, grand Dieu, s'amoncelle l'orage,
Les flots autour de nous redoublent de fureur ;
Au cri de notre espoir, réveillez-vous, Seigneur,
Etoile de la mer, sauvez-nous du naufrage.

REFRAIN.

Oui ! nous serons sauvés ;
Gloire, gloire à jamais
A vous, divin Jésus, à vous, bonne Marie.
Oui ! nous serons sauvés ;
Après tant de bienfaits,
De nous laisser périr, notre amour vous défie. (*bis.*)

Pour nous, pour votre nom, levez-vous, Dieu su-
[prême !
Car c'est vous que l'impie, outrageant notre foi,

Brave dans son orgueil; c'est vous, c'est votre loi!
Et sauver vos enfants, c'est vous venger vous-même.

Sainte Eglise du Christ, marchez avec courage :
A l'ombre de sa croix, votre Epoux éternel
Vous abrite toujours; et la Reine du Ciel
Contre vos ennemis vous défend d'âge en âge.

Laissez, laissez l'impie exalter sa victoire :
Superbe comme un cèdre, il règne; mais soudain
Repassez, il n'est plus; vous le cherchez en vain!
Un seul jour a détruit sa trace et sa mémoire!

Dieu veut notre salut : il nous sera fidèle!
Mais voulons ce qu'il veut; pour calmer nos frayeurs
Il nous donna sa Mère; ah! donnons-lui nos cœurs!
Et sachons l'honorer, la prier avec zèle.

34

Pourquoi cette vive allégresse
Qui brille sur vos fronts joyeux?
Pourquoi ces nouveaux chants d'ivresse
Dont retentissent ces beaux lieux?
Enfants d'une Mère chérie,
A la fin du mois vénéré,
Portons nos tributs à Marie,
Au pied de son trône sacré.

REFRAIN.

Vierge, reçois cette couronne,
Fais qu'elle soit le gage heureux
De celle qu'auprès de ton trône, } bis.
Tu nous réserves dans les Cieux. }

Pour la gloire de notre Reine,
Quittant vos sacrés pavillons,
Autour de votre Souveraine,
Anges, rangez vos bataillons.
Le front incliné vers la terre,
Mêlez votre amour et vos chants
A ceux que pour leur tendre Mère,
Font éclater tous ses enfants.

Et vous, ornements de la terre,
Croissez, croissez, charmantes fleurs;
C'est pour le front de notre Mère
Que nous destinons vos couleurs.
Vierge, ici-bas, pour ta couronne,
Les fleurs nous offrent leurs présents;
Fais qu'un jour auprès de ton trône,
Ta couronne soit tes enfants.

Hélas! de la saison nouvelle,
Les fleurs ne bravent point le temps;
Mais les dons d'une âme fidèle
Durent plus que leur doux printemps.
De tes vertus, ô Vierge pure!
Si tu daignes nous revêtir,
Rien ne flétrira la parure
Dont tu sauras nous embellir.

Marie, aimable protectrice,
Sur tes enfants jette les yeux;
Vers eux étends ta main propice
Et prête l'oreille a leurs vœux.
Nous demandons tous l'Espérance,
De la foi, le précieux don;
L'innocent, la persévérance,
Et le coupable, le pardon.

35

Reine du Ciel, Vierge Marie,
O vous, ma patronne chérie,
De tout mortel qui souffre et prie,
Souvenez-vous, souvenez-vous !
Vous, d'un Dieu, virginale Mère,
Qui des cieux rapprochez la terre,
Vous, par qui le pécheur espère,
Priez pour nous, priez pour nous !

O des élus fleur précieuse,
Rose blanche et mystérieuse,
De l'enfance simple et pieuse,
Souvenez-vous, souvenez-vous !
De l'Eglise aux jours de détresse,
Vous la divine forteresse,
Quand l'enfer l'entoure et la blesse,
Priez pour nous, priez pour nous !

Sous l'infortune appesantie,
Si notre foi chancelle et plie,
Des fils d'Eve, ô Vierge Marie !
Souvenez-vous, souvenez-vous !
Si notre cœur, au jour prospère,
S'enfle d'orgueil, et pour la terre
S'il vous oublie, ô tendre Mère !
Priez pour nous, priez pour nous !

Quand devant lui le Ciel se voile,
Quand le vent déchire la voile,
Du voyageur, ô blanche étoile !
Souvenez-vous, souvenez-vous !

Souvenez-vous de nos misères,
De nos larmes de nos prières,
Des enfants qui n'ont plus de mères...
Priez pour nous, priez pour nous !

Du pauvre opprimé sans défense,
Du malade sans espérance,
Et du mourant sans assistance,
Souvenez-vous, souvenez-vous !
Reine des saints, Reine des anges,
Recevez-nous dans vos phalanges ;
Qu'au Ciel nous chantions vos louanges !
Priez pour nous, priez pour nous !

36.

Vierge sainte, rose vermeille,
Toi, dont nous aimons les autels,
Du haut des Cieux, prête l'oreille,
A nos cantiques solennels.
Tu sais que nous voulons te plaire,
T'aimer, te bénir tous les jours,
Vierge, montre-toi notre Mère,
   Toujours ! toujours ! toujours !   (*bis.*)

Celui qu'écrasa ta puissance,
Veille à la porte de nos cœurs,
Et pour nous ravir l'innocence,
Sous nos pas il sème des fleurs.
Nous pourrions ingrats, te déplaire,
Toi qui nous combles de bienfaits ;
Nous, t'oublier, auguste Mère !
   Jamais ! jamais ! jamais !

Du mondain si l'indifférence
D'amertume abreuve ton cœur,
Lors même que, dans ta clémence,
Tu tends les bras à son malheur;
Nous, du moins, nous voulons te plaire,
T'aimer, te bénir tous les jours.
Vierge, montre-toi notre Mère!
    Toujours! toujours! toujours!

Malheur à l'aveugle coupable
Qui trahirait l'heureux serment;
Qu'il te fît Vierge tout aimable,
De te servir fidèlement.
Plutôt mourir que te déplaire,
Toi qui nous combles de bienfaits.
Nous, t'oublier, auguste Mère,
    Jamais! jamais! jamais!

37

Heureux qui du cœur de Marie
Connaît, honore les grandeurs,
Et qui sans crainte se confie
En ses maternelles faveurs.
Après le cœur du divin Maître,
A qui seul est dû tout encens,
Fut-il jamais et peut-il être
Un cœur plus digne de nos chants?

Les Cieux se trouvent sans parure
Auprès des traits de sa beauté,
Et l'astre roi de la nature
Près d'elle a perdu sa clarté,

Cours au temple, ô Vierge chérie !
Offrir ton cœur à l'Eternel,
Jamais plus agréable hostie
Ne fut portée à ton autel.

C'est là que ce cœur si docile,
Soumis aux éternels desseins,
Se forme à devenir l'asile
Et le séjour du Saint des saints.
Oh ! de quels charmes fut suivié,
De quels transports, de quelle ardeur,
L'union du cœur de Marie
Avec celui du Dieu Sauveur ?

Quand Jésus né dans l'indigence
Baigne pour nous ses yeux de pleurs,
Marie, avide de souffrance,
Aime à s'unir à ses douleurs ;
Quand, chargé de nos injustices,
Il veut de son sang innocent
Pour nous répandre les prémices,
Le cœur de Marie y consent.

Quelle force aida son courage
Lorsqu'elle osa suivre les pas
De celui qu'une aveugle rage
Traînait au plus honteux trépas !
Voyez-le ce cœur intrépide,
Par les mêmes mains déchiré,
Qui percent d'un fer déïcide
Le cœur de son Fils expiré.

Hâtez-vous d'offrir à son trône,
Saints Anges, vos tributs d'honneur,

Chantez du Dieu qui la couronne
Les dons, la bonté, la ferveur;
Et nous, fils d'un père coupable,
Ici-bas condamnés aux pleurs,
Cherchons dans ce cœur secourable,
Un abri contre nos malheurs.

O Cœur de la plus tendre Mère,
Cœur plein de grâce et de bonté,
O vous sur qui, dans leur misère,
Vos enfants ont toujours compté,
Daignez être notre refuge
Et notre appui dans tous les temps;
Surtout apaisez notre Juge,
Dans le dernier de nos instants.

38

Je la verrai cette Mère chérie,
Ce doux espoir fait palpiter mon cœur.
Elle est si bonne et si tendre, Marie,
Un seul regard ferait tout mon bonheur!

REFRAIN.

Divine Marie,
J'ai l'espoir
Au Ciel, ma patrie,
De te voir.

Je fus toujours l'enfant de sa tendresse,
Mais plus je suis comblé de ses bienfaits,
Et plus j'éprouve en l'âme de tristesse:
Je la chéris, je ne la vois jamais.

Je la chéris, je me plais à redire
Son nom si doux, à chaque instant du jour :
A chaque instant je me plais à l'écrire,
Je le répète et l'écris tour à tour.

Je vais cherchant son image fidèle,
Mais nulle part je ne suis satisfait ;
Ah ! dans mon cœur ma Mère est bien plus belle,
Et ce tableau lui-même est imparfait.

Combien encor durera son absence ?
A chaque fête elle vient en ce lieu ;
Mais, sans la voir, je suis en sa présence,
Et ce jour fuit. Adieu, ma Mère, adieu !

39

Reine des cieux
Jette les yeux
Sur ce béni sanctuaire,
Et des pécheurs
Guéris les cœurs
Et montre-toi notre mère.

Entends nos vœux,
Rends-nous heureux
En nous donnant la victoire,
Et pour jamais
De tes bienfaits
Nous bénirons la mémoire.
Reine des cieux, etc.

Mets en nos cœurs
Les belles fleurs,
Symbole de l'innocence,
Conserve-nous
Les dons si doux
De foi, d'amour, d'espérance.
Reine des cieux, etc.

Des noirs enfers
Brise les fers,
Les fers de son esclavage,
Éteins les feux
De l'antre affreux
Et sauve-nous de sa rage.
Reine des cieux, etc.

Astre des mers
Des flots amers
Calme la vague écumante,
Chasse la mort
Et mène au port
Notre nacelle tremblante.
Reine des cieux, etc.

Ne souffre pas
Que le trépas
Nous suprenne dans le crime,
Non, ton enfant
Du noir serpent
Ne sera pas la victime.
Reine des cieux, etc.

Si les accents
De tes enfants
S'élèvent jusqu'à ton trône
Dans le séjour

Du bel amour
Garde-leur une couronne.
Reine des cieux, etc.

Accorde-nous
De t'aimer tous
Dans la céleste patrie,
Et d'y chanter
Et d'y fêter
L'aimable nom de Marie.
Reine des cieux, etc.

40

REFRAIN.

Vierge Marie,
Nous avons tous recours à vous,
Mère chérie,
Priez, priez pour nous.   (*bis.*)

Elle est pure, Marie,
Comme le rayon des Cieux;
Belle toujours, jamais flétrie,
Du Seigneur elle a charmé les yeux.
Vierge Marie, etc.

Vierge pure et féconde,
Dans une extase d'amour,
Elle enfante le Dieu du monde,
L'Eternel, pour nous, enfant d'un jour.
Vierge Marie, etc.

C'est la douce lumière
Qui seule charme les cœurs;

Son tendre regard nous éclaire
Et sa main vient essuyer nos pleurs.
    Vierge Marie, etc.

C'est la Vierge puissante,
La Mère du bel Amour :
Elle est fidèle, elle est clémente,
Elle est reine au céleste séjour.
    Vierge Marie, etc.

C'est la rose fleurie,
C'est le lis pur, virginal,
C'est le parfum de la prairie,
C'est le feu du rayon matinal.
    Vierge Marie, etc.

Trône de la sagesse,
Cause de notre bonheur,
Vase de la sainte allégresse,
Vrai trésor des grâces du Seigneur.
    Vierge Marie, etc.

Miroir de la justice,
Tour de David, maison d'or,
Des pécheurs refuge propice,
Loin de nous elle chasse la mort.
    Vierge Marie, etc.

C'est l'arche d'alliance,
C'est l'étoile du matin,
C'est le baume de l'espérance
Dans un cœur blessé par le chagrin.
    Vierge Marie, etc.

C'est la reine des anges,
C'est la reine des élus,
Au Ciel tout chante ses louanges,
Ses bienfaits, sa gloire et ses vertus.
    Vierge Marie, etc.

41

Viens, viens à moi, m'a dit souvent le monde;
Je donne à tous bonheur, plaisir sans fiel :
Mais une Vierge, au front pur comme l'onde,   } *Bis.*
M'a dit tout bas : Suis-moi, je mène au ciel !

Et moi, j'ai : Je veux suivre Marie :
Le monde ment, ses fruits sont des douleurs.
Mais toi, Marie, au séjour de la vie,   } *Bis.*
Tu nous conduis par un sentier de fleurs.

Bonne Marie, invoque Dieu sans cesse;
Demande-lui que je sois doux de cœur,
Humble d'esprit, soumis dans la tristesse ;   } *Bis.*
Mais surtout pur, pur comme un lys en fleur.

Tu sais, hélas ! cette terre est affreuse ;
Séjour d'exil et région des pleurs ;
Sois près de moi, Rose mystérieuse,   } *Bis.*
Et ton parfum calmera mes douleurs.

Tu sais, le monde est une mer cruelle,
Où trop souvent on rencontre la mort :
Brillante Etoile, ah ! guide ma nacelle,   } *Bis.*
Et, sans danger, je gagnerai le port.

42

La sainte Etoile
Guide la voile
Des matelots
Au sein des flots.

REFRAIN.

Enfants, courage !
Malgré l'orage,
Nous serons d'abord
Nous serons au port.

C'est dès l'enfance,
Notre espérance.
Rassurez-vous :
Que craignons-nous ?
   Enfants, courage, etc.

Clarté bénie,
Vers la patrie,
A les rayons
Nous voguerons.
   Enfants, courage, etc.

Notre nacelle,
Ah ! pourrait-elle
Porter en vain
Son nom divin ?
   Enfants, courage, etc.

Mais la tempête
Sur notre tête
Déjà surgit,
Déjà mugit.
   Enfants, courage, etc.

La foudre gronde,
Les vents et l'onde
De leurs fureurs
Glacent les cœurs.
   Enfants, courage, etc.

A notre Mère,
Une prière....
Oui, prions tous,
Tous à genoux !
   Enfants, courage, etc.

Bonne Marie,
Ah ! qui te prie
De le bénir,
Peut-il périr !
   Enfants, courage, etc.

Merci, Marie,
Mère chérie,
Par toi soudain
Tout est serein.
   Enfants, courage, etc.

Comme la brise
Nous favorise !
L'Astre des mers
Luit dans les airs.
   Enfants, courage, etc.

Notre gondole,
Comme elle vole !...
Ramons encor :
Un peu d'effort !

Enfants, courage !
Voici la plage :
Nous serons d'abord
Nous serons au port.

Ah ! quelle ivresse !
Quelle allégresse !

Nos vœux, amis,
Sont accomplis.

Refr. Oui, plus d'orage,
Plus de naufrage,
Et plus de mort !
Nous entrons au port.

43

REFRAIN.

A la Vierge Marie
Consacrons notre amour,
C'est la mère chérie
Des enfants du céleste séjour.

Ah ! puissent nos louanges
S'élever jusqu'à toi,
Sur les ailes des Anges
Puissent voler nos voix.

Sur ton aile, ô Marie !
Du tyran des enfers ;
Tes fils, Mère chérie,
Sauront briser les fers.

Si du feu qui l'embrase,
Satan crut te souiller,
Sous ton pied qui l'écrase
Il te voit l'enchainer.

O Mère de la vie,
Unis aux chants des Cieux,

Nos chants, Vierge Marie,
Te porteront nos vœux.

Aux pieds de ton image,
Nous viendrons chaque jour,
Pour t'offrir notre hommage,
Pour t'offrir notre amour.

Dans cette heureuse enceinte,
Tu verras tes enfants,
Te bénir, Vierge sainte,
Te consacrer nos chants.

Montre-toi notre Mère ;
De tes enfants chéris,
Reçois l'humble prière
Pour l'offrir à ton fils.

44

REFRAIN.

Vierge Marie,
Daigne sourire à tes enfants ;
Mère chérie,
.Reçois leurs chants.
Ah ! nous te consacrons les jours de notre vie ;
Daigne en bénir tous les instants ;
Et d'âge en âge
Pour toi nos vœux toujours croissants
Seront le gage
De nos serments.

T'aimer sans cesse,
Auguste Reine de mon cœur,
T'aimer sans cesse,
Quelle douceur !
Tu souris à mes vœux : ce signe de tendresse
Bannit la crainte et la douleur ;
Il est le gage
De ton amour pour un pécheur,
Et le présage
De son bonheur.

Vierge Marie, etc.

Mère chérie,
Toi que mon cœur aima toujours,
Viens, ô Marie !
A mon secours.

C'est toi qui protégeas l'aurore de ma vie ;
Je t'en dois les plus heureux jours :
De mon jeune âge
Conserve-moi les sentiments,
C'est le partage
De tes enfants.

Vierge Marie, etc.

En vain le monde
Prétend m'engager sous sa loi ;
En vain il gronde,
Je suis à toi.
Oui, c'est sur ton appui que mon espoir se fonde,
O tendre Mère, soutiens-moi ;
Toujours fidèle,
A toi seule mon cœur sera,
Et sous ton aile
Reposera.

Vierge Marie, etc.

Sur cette terre,
Je veux publier à jamais,
O douce Mère,
Tous les bienfaits.
Je veux t'appartenir, et t'aimer, et te plaire ;
Daigne m'accorder en retour,
Que je demeure
Ton enfant jusqu'au dernier jour,
Et que je meure
Dans ton amour.

Vierge Marie, etc.

45

Dans cette vie,
Tendre Marie,
O nom si doux,
Protégez-nous !

REFRAIN.

Calmez l'orage,
Sur le rivage,
Par vous d'abord
Nous irons au port.

Divine étoile,
Sous votre voile,
Rassemblez-nous
Autour de vous.

O Vierge Mère,
Pour la prière,
Nous voici tous
A vos genoux !

Pour vos louanges,
Avec les Anges,
Recevez-nous
Auprès de vous.

Auguste Reine,
De notre peine
Délivrez-nous,
Sauvez-nous tous !

O tendre Mère,
Sur cette terre,
Guidez nos pas
Jusqu'au trépas !

Céleste aurore,
Daignez encore
Nous mettre un jour
Au beau séjour.

46

REFRAIN.

O ma Mère
Toujours chère !
Je te chante avec bonheur.
O ma Mère
Toujours chère !
Je t'offre aujourd'hui mon cœur.

AUTRE REFRAIN.

Tendre mère des pécheurs, (*bis.*)
Viens combler nos cœurs (*bis*) de tes faveurs.

Sion, de ta mélodie
Cesse les divins accords ;
Laisse-nous, près de Marie,
Faire éclater nos transports.

La reine que tu révères,
Le digne objet de tes chants,
Apprends qu'elle est notre mère,
Et fais place à ses enfants.

Mais comment de cette enceinte
Percer les voûtes des cieux ?
Descends, plutôt, Vierge sainte,
Et viens régner en ces lieux.

Viens, d'un exil trop sévère
Adoucir les longs tourments :
Ta présence, auguste Mère,
Sera chère à tes enfants.

Pour toi nous sentons nos âmes
Brûler en ce divin jour
Des plus innocentes flammes,
Du plus généreux amour.

Ah ! puissions-nous à te plaire
Consacrer tous nos instants,
Et prouver à notre Mère
Que nous sommes ses enfants !

Sur tes autels, ô Marie !
Tous, d'une commune voix,
Nous jurons toute la vie
D'être soumis à tes lois.

De notre hommage sincère
Puissent ces faibles garants
Flatter notre tendre Mère !
C'est le vœu de ses enfants.

47

REFRAIN.

En ce jour,
  O bonne
    Madone,
Je te donne   } *bis.*
Mon amour.

Jour et nuit
  La terre
    Entière,
Tendre Mère,
Te bénit.
  En ce jour, etc.

Pour toujours,
  Mon âme
    S'enflamme
Et réclame
Ton secours.
  En ce jour, etc.

Si mon cœur,
  O Mère
    Si chère,
Peut te plaire,
Quel bonheur !
  En ce jour, etc.

O pécheur,
  La bonne
    Madone
Te pardonne
De bon cœur.
  En ce jour, etc.

Donne-moi,
  Marie
    Chérie,
Pour la vie
D'être à toi.
  En ce jour, etc.

Qu'à jamais
Mon âme
S'enflamme
Et proclame
Tes bienfaits.
En ce jour, etc.

Ta douceur
Efface,
Remplace
Et surpasse
Tout bonheur.
En ce jour, etc.

En ton nom
J'espère,
Lumière,
Tendre Mère,
Et pardon.
En ce jour, etc.

A la mort
Qui prie
Marie,
Plein de vie,
Entre au port.
En ce jour, etc.

LITANIES DE LA SAINTE VIERGE.

Kyrie, eleïson.
Christe, eleïson.
Kyrie, eleïson.
Christe, audi nos.
Christe, exaudi nos.
Pater de cœlis, Deus, miserere nobis.
Fili, redemptor mundi Deus,
Sancta Maria, ora pro nobis.
Sancta Dei Genitrix,
Sancta Virgo virginum,
Mater Christi,
Mater divinæ gratiæ,
Mater purissima,
Mater castissima,
Mater inviolata,
Mater intemerata,
Mater amabilis,
Mater admirabilis,
Mater Creatoris,
Mater Salvatoris,
Virgo prudentissima,
Virgo veneranda,
Virgo prædicanda,
Virgo potens,
Virgo clemens,
Virgo fidelis,
Speculum justitiæ,
Sedes sapientiæ,
Causa nostræ lætitiæ,
Vas spirituale,
Vas honorabile,
Vas insigne devotionis,
Rosa mystica,
Turris Davidica,
Turris eburnea,
Domus aurea,
Fœderis arca,
Janua cœli,
Stella matutina,
Salus infirmorum,
Refugium peccatorum,
Consolatrix afflictorum,
Auxilium christianorum,
Regina Angelorum,
Regina Prophetarum,
Regina Patriarcharum,
Regina Apostolorum,
Regina Martyrum,
Regina Confessorum,
Regina Virginum,
Regina Sanctorum omnium,
Regina sine labe concepta,
Agnus Dei, qui tollis peccata mundi, parce nobis, Domine.
Agnus Dei, qui tollis peccata mundi, exaudi nos, Domine.
Agnus Dei, qui tollis peccata mundi, miserere nobis.
Christe, audi nos.
Christe, exaudi nos.

℣. In Conceptione tua Virgo immaculata fuisti.

℟. Ora pro nobis Patrem cujus Filium peperisti.

℣. Signasti, Domine, servum tuum Franciscum.

℟. Signis Redemptionis nostræ.

℣. Oremus pro Pontifice nostro (N.),

℟. Dominus conservet eum, et beatum faciat eum in terra, et non tradat eum in animam inimicorum ejus.

A CERTAINES FÊTES :

℣. Ora pro nobis, beate (N.).

℟. Ut digni efficiamur promissionibus Christi.

2

† TANTUM ergo Sacramentum
Veneremur cernui :
Et antiquum documentum
Novo cedat ritui :
Præstet fides supplementum
Sensuum defectui.

Genitori, Genitoque
Laus et jubilatio,

Salus, honor, virtus quoque
Sit et benedictio ;
Procedenti ab utroque
Compar sit laudatio. Amen.

℣. Panem de cœlo præstitisti eis,

℟. Omne delectamentum in se habentem.

3

Je vous salue, vrai Corps qui êtes né de la Vierge Marie !

Qui avez vraiment souffert

Ave, verum Corpus natum de Mariâ Virgine.

Verè passum, immolatum

in Cruce pro homine.

et avez été immolé sur la Croix pour les hommes.

Cujus latus perforatum undâ fluxit cum sanguine.

Dont le côté ouvert a laissé couler de l'eau et du sang.

Esto nobis prægustatum mortis in examine.

Soyez pour nous, à la mort, un avant-goût des délices éternelles.

O Jesu dulcis! O Jesu pie! O Jesu, Fili Mariæ! tu nobis miserere.

O Jésus plein de douceur! O Jésus plein de tendresse! O Jésus, Fils de Marie! ayez pitié de nous.

Amen.

Ainsi soit-il.

4

O salutaris hostia!
Quæ cœli pandis ostium,
Bella premunt hostilia,
Da robur, fer auxilium.

Uni trinoque Domino,
Sit sempiterna gloria,
Qui vitam sine termino,
Nobis donet in patria. Amen.

5

Adoro te devote, latens Deitas,
Quæ sub his figuris verè latitas;
Tibi se cor meum totum subjicit,
Quia te contemplans totum deficit.

Je vous adore, prosterné devant vous, ô Dieu vraiment caché sous ces figures! mon cœur se soumet entièrement à vous, parce qu'en vous considérant il reconnaît son néant.

O Jésus! que je vois maintenant caché sous ces voiles, accordez, je vous prie, à l'ardeur de mes désirs, que, vous voyant un jour à découvert, je jouisse du bonheur que donne la vue de votre gloire. Ainsi soit-il.

Jesu, quem velatum nunc aspicio.
Oro, fiat illud quod tam sitio,
Ut te revelatâ cernens facie,
Visu sim beatus tuæ gloriæ. Amen.

6

CHŒUR.
Adoremus in æternum sanctissimum Sacramentum.

Ps. Laudate Dominum omnes gentes, etc.

7

Reine du ciel, réjouissez-vous, louons le Seigneur,

Parce que celui que vous avez mérité de porter dans votre chaste sein, louons le Seigneur,

Est ressuscité comme il l'a prédit, louons le Seigneur.

Priez Dieu pour nous, louons le Seigneur.

℣. Réjouissez-vous, Vierge Marie, louons le Seigneur.
℟. Parce que le Seigneur est vraiment ressuscité, louons le Seigneur.

Regina cœli, lætare, alleluia,

Quia quem meruisti portare, alleluia,

Resurrexit sicut dixit, alleluia.

Ora pro nobis Deum, alleluia.

℣. Gaude et lætare, Virgo Maria, alleluia.
℟. Quia surrexit Dominus verè, alleluia.

8

Ave, maris Stella,
Dei Mater alma,
Atque semper Virgo,
Felix cœli Porta.

REFRAIN.

Laudate, laudate, lau-
date Mariam. } bis.

Sumens illud ave
Gabrielis ore,
Funda nos in pace,
Mutans nomen Evæ.

Solve vincla reis,
Profer lumen cæcis,
Mala nostra pelle,
Dona cuncta posce.

Monstra te esse Matrem,
Sumat per te preces
Qui pro nobis natus
Tulit esse tuus.

Virgo singularis,
Inter omnes mitis,
Nos culpis solutos
Mites fac et castos.

Vitam præsta puram,
Iter para tutum,
Ut, videntes Jesum,
Semper collætemur.

Salut, Etoile de la mer,
auguste Mère de Dieu, toujours Vierge, heureuse Porte
du Ciel.

REFRAIN.

Louez, louez, louez Ma-
rie. } bis.

Recevant ce salut de la
bouche de Gabriel, établissez-
nous dans la paix, en chan-
geant le nom d'Eve.

Brisez les liens des coupa-
bles, rendez la lumière aux
aveugles du péché, délivrez-
nous de tous maux, demandez
pour nous tous les biens.

Montrez-vous notre Mère,
et que Celui qui pour nous a
bien voulu naître votre Fils
reçoive par vous nos prières.

Vierge incomparable, d'une
douceur sans exemple, faites
que, déliés des chaines du
péché, nous soyons doux et
chastes.

Obtenez-nous une vie pure,
conduisez-nous par un chemin
assuré, afin que, voyant Jésus,
nous puissions le louer à jamais.

Gloire soit à Dieu le Père, qu'un honneur infini soit à Jésus-Christ, à l'Esprit-Saint, et que le même honneur soit rendu aux trois adorables personnes de a sainte Trinité.

Sit laus Deo Patri, Summo Christo decus, Spiritui Sancto, Tribus honor unus.

Ainsi soit-il.

Amen.

9

Inviolable et sans souillure, vous êtes. ô Marie! un trésor de pureté.

Inviolata, integra et casta es, Maria :

C'est vous la porte brillante du ciel.

Quæ es effecta fulgida cœli porta.

O aimable Mère de Jésus-Christ! qui fûtes si chère à son divin Cœur,

O Mater alma Christi carissima !

Daignez agréer notre pieux tribut de louanges.

Suscipe pia laudum præconia.

Que le corps et l'âme soient en nous purs et chastes;

Nostra ut pura pectora sint et corpora,

C'est la grâce que vous demandent avec instance des lèvres et des cœurs qui vous sont dévoués.

Te nunc flagitant devota corda et ora.

Ah! par vos prières tendres et bénies,

Tua per precata dulcisona,

Obtenez-nous à jamais le pardon de nos fautes.

Nobis concedas veniam per secula.

O Mère de bonté!

O benigna !

O Regina !	O Reine puissante !
O Maria !	O admirable Marie !
Quæ sola inviolata permansisti !	Vous qui seule êtes demeurée pure et sans tache !

10

Sub tuum præsidium confugimus, Sancta Dei Genitrix.	A votre protection, nous avons recours, ô sainte Mère de Dieu !
Nostras deprecationes ne despicias in necessitatibus nostris.	Ne méprisez point nos prières, dans nos pressantes nécessités ;
Sed à periculis cunctis libera nos semper, Virgo gloriosa et benedicta.	Mais, plutôt, délivrez-nous de tous dangers, ô Vierge glorieuse et bénie !

11

REFRAIN. | REFRAIN.

O gloriosa Domina,
Excelsa super sidera,
Qui te creavit parvulum,
Lactente nutrix ubere. (*bis.*)
O gloriosa Domina. (*bis.*)

Quod Eva tristes abstulit
Tu reddis almo germine ;
Intrentus astra flebiles
Cœli, cœli recludis cardi-
[nes. (*bis.*)

O glorieuse Reine, élevée par-delà tous les cieux, vous avez nourri de votre lait celui qui vous a créée.

Les biens dont Eve, par son péché, nous avait dépouillés : vous nous les rendez par ce fruit divin, vous nous ouvrez les Cieux afin que, pauvres affligés, nous puissions aller nous y placer comme des astres.

Vous êtes la porte sainte du roi Très-Haut et la cour toute brillante de lumière. Nations rachetées de la mort, réjouissez-vous de la vie que vous avez reçue par cette vierge.

O Marie ! Marie, mère de grâce, mère de miséricorde, protégez-nous contre nos ennemis, et à l'heure de la mort recevez-nous dans vos bras.

Tu Regis alti janua
Et aula lucis fulgida,
Vitam datam per virginem,
Gentes (*bis*) redemptæ plau-
[dite. (*bis*.)

Maria, Maria, mater, mater
[gratiæ,
Mater, mater misericordiæ ;
Tu nos ab hoste, ab hoste pro-
[tege,
Et hora mortis suscipe. (*bis*.)

12

REFRAIN.

O très-sainte, ô très-pieuse, ô douce Vierge Marie.

Mère aimée de Dieu, mère sans souillure, priez pour nous.

Mère chérie de Dieu, mère immaculée, la bien-aimée du Verbe divin, priez pour nous.

REFRAIN.

O sanctissima,
O piissima,
Dulcis Virgo Maria.

Mater amata
Intemerata.
Ora, ora pro nobis.

Mater amata
Immaculata,
Verbi Dei carissima,
Ora, ora pro nobis.

TABLE.

MORCEAUX LATINS.

Clermont, impr. Ferdinand Thibaud.